クリミア問題徹底解明

中津孝司

目次

JN196770

・ブックレット2

1　ウクライナ・ヤヌコビッチ政権の崩落と国際社会

電撃的併合。ロシアのプーチン大統領は即決した。激震するウクライナ情勢の間隙を突いて、南部のクリミア自治共和国を挑発。ウクライナからの独立をお膳立てした。クリミア自治共和国は国際社会の猛反対を一蹴、住民投票を断行してウクライナからの独立を宣言した。返す刀で民族自決を盾にモスクワがクリミア自治共和国を即時併合、ロシア連邦に組み込んだ。クレムリン（ロシア大統領府）はロシア黒海艦隊基地があるセバストポリ特別市を強引に奪取した。

無論、欧米諸国はロシアが孤立すると再三再四、警告。しかし、馬耳東風。プーチン大統領はクリミア併合に執着した。クリミア半島は文字通りの歴史的な係争地。事あるごとに列強諸国がクリミア半島、殊に要衝地の特別市セバストポリ攻略を画策してきた歴史的経緯がある。

それだけにクリミア半島は悲劇の歴史を繰り返してきた。クリミア半島攻略は画期的な歴史的功績になるとプーチン大統領は思いを馳せたのだろう。加えて、ロシア国内の士気も高まる。

まさに一石二鳥。プーチン大統領はナショナリズム（民族主義）の高揚が自らを利すると判断したに違いない。しかしながら、そもそもクリミア自治共和国の独立宣言もロシアによる編入も法的根拠は乏しく、いずれも違法であり、正当化できない。国際社会は独立も編入も承認していない。ロシアは傀儡国家を国家承認しただけのことである。クレムリンとクリミア自治共和国とによる猿芝居に過ぎない。プーチン大統領は国際秩序に対する挑戦状を突きつけた。

事の発端はヤヌコビッチ政権が２０１３年11月に欧州連合（ＥＵ）との連合協定調印を拒否したことに

ある。連合協定調印はウクライナがEUと包括的な関係を強化することに目的がある。その地平線上には当然、ウクライナのEU加盟が広がる。ところが、ヤヌコビッチ政権はウクライナのEU加盟を否定。返す刀でロシアから150億ドルの援助を受け入れる方針に転じた。(1) この方向転換がヤヌコビッチ前大統領の誤った選択となる。

モスクワに配慮したからだと一般に解釈されているが内実は違うだろう。周知のとおり、ビクトル・ヤヌコビッチ前大統領はウクライナ逃亡以前、豪華な邸宅で贅沢三昧してきた強欲な人物。その息子も事業を急速に拡大させることで巨万の富を独占、2013年11月時点の資産は5億ドルに急増したという。(2) その周辺にはオリガルヒ（寡占資本家）を集結、一大利権集団が特権をむさぼった。

ゆえに、投獄されていた、ヤヌコビッチ前大統領の政敵であるユリア・ティモシェンコ女史の釈放をEU側が突き付けたことこそが連合協定調印拒否の真意だったはずだ。ティモシェンコ元首相は10年前に勃発した「オレンジ革命」の立役者。独裁者は自らの政治生命と財産を死守するためには手段を選ばない。調印拒否は自らの保身目的に過ぎない。

ウクライナ国民の生活は貧しい。国民1人当たり国内総生産（GDP）はわずか3800ドル（2013年実績）。ロシアの3分の1にも満たない。平均月給も300ドルに留まるとされる。肥沃な黒土地帯に恵まれているにもかかわらず、キエフ市民は自宅のバルコニー家庭菜園で食料を確保する。このような国民を敵に回し、国民の怒りが頂点に達したそのとき、独裁者に矛先が向けられる。

ヤヌコビッチ前大統領はウクライナ西部に居住する国民を甘く見ていた。調印拒否の直後から、ヤヌコビッチ政権に反旗を翻すデモが頻発。首都キエフでは10万人規模の反政府デモが繰り返され、ウクライナ西部・中部へと拡散した。ヤヌコビッチ政権は強硬策で対応したものの、これが逆に仇となり、治安部隊との衝突へと事態が泥沼化した。

親欧派はヤヌコビッチ前大統領の即時退陣を要求。ヤヌコビッチ前大統領は大統領選挙の前倒し実施を表明したが、万事休す。もはや限界と直感したヤヌコビッチ前大統領は自宅からヘリコプターでロシアに逃亡、祖国を去った。

砂上の楼閣。ヤヌコビッチ政権は脆くも崩れ落ちた。不思議なことに、ウクライナ東部に居住するロシア系住民でさえもヤヌコビッチ前大統領を擁護する住民は少なかった。私利私欲に溺れた高慢政治家は寂しい政治人生を閉じた。

実は、ウクライナの政財界には大物の黒幕がいる。その名はリナト・アフメトフ。工業都市ドネツク出身で新興財閥の頂点に立つ。名実ともに政商、オリガルヒである。総資産150億ドルとされる大富豪はウクライナの裏社会で蓄財に励んだという。ウクライナの鉄鋼業、鉱山、電力事業の半分を牛耳り、ヤヌコビッチ政権時代には公共事業の3分の1を独占したらしい[3]。ヤヌコビッチ前大統領だけでなく、新興財閥系の政治家も自由自在に操る陰の支配者である。

アフメトフ氏がウクライナ東部出身であることから、キエフではアフメトフを非難する声が聞こえる。ヤヌコビッチ前大統領が不利と見るや否や、アフメトフ氏は前大統領を切り捨てた。自らのビジネス基盤を維持するためには、キエフに擦り寄ることもいとわない。変わり身の早さからアフメトフ批判のトーンが上がる[4]。

ウクライナの新政権は汚職や腐敗を一掃できるのか。「オレンジ革命」の立役者もヤヌコビッチ前大統領とその周辺も公正な社会を実現できなかった。国際社会によるウクライナ支援は必要だが、貴重な金融支援が貪欲な政治家の懐を潤すことに終始すれば、再度、ウクライナ経済の再建は不可能となる。国際社会はウクライナ政治経済の修繕という課題を抱え込む新政権にも厳しい監視の目を向けなければならない。

2　新政権の成立と金融支援

ウクライナの人口は4500万人で、このうちウクライナ系は3260万人、ロシア系は1430万人である[5]。欧州では大国に属する。地図を一瞥すれば一目瞭然だが、ウクライナは欧州とロシアの狭間に位置する。首都キエフを含む西部地域には親欧派が、クリミア半島を含む東・南部地域には親露派がそれぞれ数多く住む。親露派は当然、ロシアに愛着を感じる。親欧派はウクライナが欧州の一角を占めると主張してはばからない。

西部地域はかつてオーストリアやポーランドの領土であったことから欧州地域に親近感を抱く。一方、東・南部地域はロシア帝国の領土に組み込まれていた。歴史的経緯を背景にウクライナは常に東西分裂の危機に直面してきたのであった。

ヤヌコビッチ政権を掃討した新政権は親欧路線に国家の針路を転じる。EUや国際通貨基金（IMF）との関係強化を図ることだろう。新政権の期待に応答して、EUやIMFはウクライナ支援を惜しまないだろう。この金融支援で東西分裂を回避できるか。だが現実には、クリミア自治共和国が独立を宣言、ロシアが併合するという誤算が生じている。

クリミア自治共和国のロシア併合が地政学的リスクを一気に高め、世界同時株安を招いたことは今もって記憶に新しい。加えて、ウクライナの公的対外債務は375億ドルに達し、銀行や民間企業の債務も含めると2013年末時点で1400億ドル（うち650億ドルは短期債務）を超えるとみられる。ウクライナGDPの80％に匹敵する規模だ。他方、外貨準備金は150億ドルまで減少した（2014年3月1

日時点）[6]。ウクライナが債務不履行（デフォルト）を回避するには、ＥＵとＩＭＦ、それに世界銀行による救済措置が不可欠となる。

早速、２０１４年から１５年にかけて３５０億ドル程度の支援が必要だと試算された[7]。世界銀行はウクライナに最大30億ドルを支援、資金供給する方針を表明している[8]。ＥＵの欧州委員会は総額１１０億ユーロに及ぶ包括支援策を発表、早期に6億ユーロ分が実行される[9]。また、米国はウクライナに対する10億ドルの債務保証を表明した。ＩＭＦは１７１億ドルの緊急支援融資枠設定を正式に承認している。このうち、32億ドルが資金繰り支援のために即時提供された[10]。合わせて、日本は15億ドルの経済支援を表明した[11]。

ヤヌコビッチ前大統領の失脚後、直ちに暫定政権が成立、オレクサンドル・トゥルチノフ氏が大統領代行に就任した。合わせて、ヤツェニュク新首相が率いる連立内閣も始動した。また、ヤツェニュク新首相は企業補助金・社会保障費削減や公共料金の引き上げなどを盛り込んだ経済改革に着手することを約束、ＥＵ加盟の方針も明言した[12]。

トゥルチノフ大統領代行は就任後、ＥＵ重視の方針を表明、凍結されていたＥＵとの連合協定調印に前向きの姿勢を鮮明にしていた。これは親露路線からの決別を意味するが、事態は単純ではない。ロシア系住民を軽視、冷遇する政策に終始すれば、ウクライナは再び東西分裂の危機に陥る。

と同時に、ウクライナ経済はロシア経済との関係も深く、途絶することは現実的な対応ではない。ウクライナはロシアを重要なエネルギー供給源とする。加えて、ロシアはウクライナにとって年間輸出総額の24％を占める最大の貿易相手国[13]。ロシアとの関係にも配慮せざるを得ない。これはウクライナの宿命である。

その歪《いびつ》さがクリミア半島で顕在化、親露派が暫定政権の正統性に疑問を呈した。抗議は即座に分離独立、そしてロシアへの帰属替え要求へと発展、ロシアの介入を招いた。ウクライナの政変直後からロシアは軍事演習に踏み切り、中心都市シンフェロポリの空港やセバストポリ特別市を制圧。あからさまな軍事介入の姿勢を強化していた。クリミア介入・内政干渉の状況証拠は揃っている。ウクライナの新政権が政情の安定を急いでいただけに、クリミアの独立宣言やロシアの介入で政権内部や国際社会に衝撃が走った。

プーチン大統領はウクライナをロシア主導の「関税同盟」に加盟させようと目論んでいた。しかし、ヤヌコビッチ政権の崩落で断念、代わってクリミア争奪に戦略的照準を変更した。合わせて、キエフに強い自治権を付与する連邦制移行を迫ることで、ロシア系住民が多数を占めるウクライナ東・南部にも影響力を行使していた。ウクライナが東西分裂を回避できるかどうかが当面の焦点となった。

2014年5月25日、当初の予定通りにウクライナで大統領選挙が実施された。国際社会は平和裏に選挙が実施されるかどうか、固唾を飲んで見守ったが、一部の地域を除いて無事に終了。決選投票を待つことなく、ペトロ・ポロシェンコ元外相が圧勝を果たした。ロシアも含めて、国際社会はポロシェンコ元外相の大統領当選に対して、歓迎するとともに安堵の気持ちで受け止めた。

2014年6月7日に正式就任したポロシェンコ新大統領は、EU統合路線を標榜すると言明、ウクライナはEUと自由貿易協定（FTA）を含む、連合協定に締結、署名した。ウクライナは2014年3月に連合協定の政治部分を先行署名しているが、条約締結で親EUの位置付けが明確になる。また、ポロシェンコ大統領は就任直前にオバマ米大統領とポーランドの首都ワルシャワで初会談、親米の姿勢も強調して、ロシアを牽制した。

ウクライナ東部で展開する武装勢力については、テロリストとは交渉しないと一蹴。武装勢力の制圧に乗り出した。と同時に、憲法改正を通じた自治権拡大でも対処、武装勢力との差別化を図っている。ただ、ロシアが要求した連邦制は導入しないと明言した。

ポロシェンコ新大統領は1965年生まれで、ウクライナ南部オデッサの出身。キエフ国立大学卒業後、カカオ豆で蓄積した資金で菓子工場を買収、菓子グループ「ロシェン」の基礎を築いた。「チョコレート王」と呼ばれるゆえんである。資産13億ドルとされ、ウクライナを代表する大富豪である[14]。「ロシェン」最大の輸出国がロシアであることから、ポロシェンコ新大統領はロシアとの政治経済関係の修復に意欲を示している。ただ、ロシアによるクリミア半島編入は一切認めないと明言した[15]。実務家らしい実利主義者なのであろう。国立銀行（中銀）総裁も歴任している。

なお、大統領選挙と同時に実施されたキエフ市長選ではボクシング・ヘビー級世界名誉王者ビタリ・クリチコ氏が当選したことを付言しておきたい。

ウクライナ経済は欧州とロシアの双方に依存しながら成立している。この意味で欧州、ロシア双方との経済的関係は切断できない。キエフ政府は拙速にウクライナのNATO加盟を進めず、武装中立国の道を模索すべきだろう。ウクライナの「フィンランド化」と表現を置き換えても良いかもしれない。ウクライナにとっての理想は自国を独立国としてクレムリンに尊重させること、この一点に尽きる[16]。

無論、ロシアはウクライナを従属国と認識しているだろう。だからこそ、国際社会はウクライナの安全保障に関心を示すべきなのである。

これを大前提として、キエフ政府が推進すべきは経済再建への取り組みである。国際社会から助力を得て、早急に経済を立て直すべきである。経済力が強化されて初めて、ロシアに対抗できることをキエフ政府は肝に銘じるべきだ。国際社会はこの視点でウクライナに対する経済支援を惜しんではならない。

3　クリミアの分離独立と国際関係

クリミア半島は黒海に面する保養地として知られるが、地政学的要衝地であるだけに、列強諸国の野心に翻弄されてきた。その国土面積は2万6100平方キロメートル、新潟県と長野県を合わせたほどの面積である。人口は235万人でロシア系が58％を占めている。ウクライナ系は人口の24％とされる。中心都市はシンフェロポリである。(17)

先住民族であるクリミア・タタール人の人口比率は13％程度である。クリミア・タタール人はイスラム教スンニ派のチュルク系民族とされ、13世紀以降に形成されている。クリミア半島が15世紀にオスマン・トルコ帝国の保護下に入った影響である。

このクリミア・タタール人はクリミア半島のロシア編入に反発、住民投票では投票を棄権している。ロシア編入後の2014年3月29日には、民族自治区の創設をロシアに要請した。ロシア側は要請にこたえて、自治権拡大に軌道修正している。(18)

クリミアは聖なる場所、セバストポリは英雄都市として世界史にその名が刻まれている。東スラブ族による初の統一国家キエフ・ルーシ。キエフ・ルーシがギリシャ正教を受容したのはクリミアである。(19) クリミア半島はまた、クリミア戦争や英国人看護婦「白衣の天使」ナイチンゲールが従軍した場としても有名だ。

1783年、オスマン・トルコ帝国の勢力下にあったクリミア半島をエカテリーナ2世治世下のロシア帝国が戦利品として自国領に編入、その要塞となるセバストポリ基地で黒海艦隊を編成した。(20) 勢いに乗ったロシアは１８５３年にオスマン・トルコ帝国に侵入するが、激しい攻防の末、ロシアが敗退。皇帝ニコライ１世の野望は見事に打ち砕かれた。

その結果、黒海の中立化が約束され、ロシアの南下政策は失敗に終わる。クリミア戦争の敗北でロシアでは改革の機運が盛り上がるが、再び専制政治が強化され、農奴解放令を発布した皇帝アレクサンドル２世は暗殺されてしまう。

第２次世界大戦中の１９４１～４２年にはナチス・ドイツがクリミア半島に侵攻、セバストポリを２５０日間に及んで占領した。後に赤軍が解放する。このナチス・ドイツが第２次世界大戦前（１９３８年）に当時のチェコスロバキア・ズデーテン地方を強制的にドイツ領としたことから、今回のロシアによるクリミア編入をズデーテン地方割譲に酷似しているとプーチン大統領を批判する声も聞かれた[21]。ドイツ側への協力を恐れた時の独裁者スターリンはクリミア半島の先住民であるクリミア・タタール人を中央アジアに強制追放し、クリミア半島のロシア化が断行される。20万人が強制移住させられ、７万～９万人が死亡したと伝えられている[22]。

しかし、１９５４年、フルシチョフ第１書記がスターリンの決定を覆して、クリミア半島を当時のウクライナに編入した。プーチン大統領はこの割譲をどうやら誤った決定だったと判断しているようだ。

なお、米英露３ヵ国の首脳（ルーズベルト、チャーチル、スターリン）が一堂に会して戦後秩序を討議した「黒海の真珠」ヤルタもクリミア半島にある。

１９９１年、ソ連邦が崩壊すると、ウクライナはソ連邦からの独立を宣言、クリミア半島ではウクライナからの独立運動が激化する。クリミアの独立運動は１９９５年にピークを迎えるが、経済混乱に悲鳴を上げるロシアは支援の手を差し伸べなかった。

そして1997年、ウクライナ政府は黒海艦隊のロシア引き渡しとセバストポリ軍港の基地貸与でロシアと合意する。ヤヌコビッチ政権が融和策を展開したためにクリミアの独立運動は鎮静化していたが、同政権の崩壊とともに再度、ウクライナからの独立を表明、ロシアが併合するに至る。

そして2014年、クリミア自治共和国政府はヤヌコビッチ政権崩壊を絶好の機会ととらえて、ウクライナからの独立を宣言し、ロシアへの編入を求める住民投票を敢行。プーチン政権はクリミア自治共和国の要請に応答、ロシア系住民の保護を錦の御旗として露骨な軍事制圧に踏み切った。

2014年3月18日、プーチン大統領はロシアにとって第2次世界大戦後初となる国家併合を断行、条約に調印した。ウクライナの分裂は必要ないとしながらも、「クリミアはロシアの戦争の栄光、ロシアの伝統・言語・信条のシンボルである」と述べ、クリミアの国家併合を高らかに宣言した(23)。

無論、プーチン大統領の本命はセバストポリ奪還。黒海艦隊という権益を死守すべく、軍事力を投入した。黒海艦隊はロシア海軍のハブ的役割、地域安全保障の要衝的役目を担う。対グルジア、対モルドバ戦略上も重要拠点となる。黒海沿岸にはノボロシスク港はあるが、いかんせん水深が足りない。天然の良港であるセバストポリはロシアにとって代えがたい存在なのである。セバストポリの兵力は2008年の1万1000人から1万5000人に増派されてきた。最大2万5000人まで可能だという(24)。

まさにロシア帝国主義の覚醒。ユーラシア帝国建設の一歩を踏み出した。皇帝プーチンは欧米社会との友好よりも強いロシアを優先したのである。

プーチン大統領としては親欧米化するウクライナのNATO加盟は阻止したい。黒海艦隊はロシア海軍が地中海を展開する上で必要不可欠なのである。万が一、ウクライナがNATOに加盟しても、クリミア半島奪取でNATOに対抗できる。クリミア半島は今も昔も激動の渦の中にある。

北京オリンピック（五輪）が開催されている最中の2008年8月、ロシアはグルジアに軍事侵攻。南オセチア共和国とアブハジア自治共和国をロシアの勢力下に置いた。世に言う、グルジア紛争である。ロシアが今もって実効支配している。しかし、クリミアのケースでは実効支配ではなく、軍事力を行使した本格的な国家制圧。主権侵害も超越している。ウクライナ全体の併合は断念した模様だが、プーチン大統領がクリミア半島、ひいてはセバストポリ奪還に固執したことを如実に物語っている。

クリミア半島支配を強化すべく、プーチン大統領はクリミア担当省を設置、サベリエフ経済発展省次官を担当相に任命した。さらに、クリミア半島はロシア南部軍管区に組み込まれた。合わせて、メドベージェフ首相がクリミア半島を訪問、モスクワ主導でクリミア振興を進める姿勢を鮮明にしている。電力供給といったインフラの整備や経済特区が新設される計画となっている。[25] クリミア市民にはロシア市民証明書が配布、ロシアの市民権が付与された。[26]

そして、第2次世界大戦の戦勝記念日となる2014年5月9日、プーチン大統領がクリミア半島に足を踏み入れ、セバストポリで開催されたナチス・ドイツからの解放70周年と戦勝69周年を祝う式典に出席した。[27] ウクライナの右派勢力をナチスに例えるプーチン大統領にとって、セバストポリ訪問は格好の機会となった。

モスクワからの執拗なウクライナ略奪陰謀はクリミア半島のみに留まらない。ウクライナ東部のドニエプル川東岸には1667年以降、ロマノフ王朝が支配した歴史がある。[28] それゆえに、ウクライナ大統領選挙（2014年5月25日実施）を妨害しようと、ロシアはウクライナ東・南部に対する介入・干渉を画策。キエフはウクライナ略奪計画第2波に身構えた。[29] 正統性を兼ね備えた新政権発足を嫌うのはロシア。揺さぶりをかけて、大統領選挙実施を阻止したかったのである。

ドネツク州、ハリコフ州は一方的に人民共和国の樹立を宣言、ルガンスク州では親露派勢力が治安機関の武器を強奪し、キエフ側と衝突した。この衝突で死傷者が発生し、緊張が頂点に達した。ウクライナ最高会議（国会）は事態の深刻さに鑑みて、これらの州に非常事態を宣言、対抗姿勢をあらわにした。

特殊部隊や工作員を投入するクレムリンのウクライナ分断工作が依然として続いていることを物語っている。人道的支援を隠れ蓑にした露骨な介入に過ぎない。モスクワは合わせて、ウクライナ政府に連邦制を導入するように要求、ウクライナ分断を推し進め、ロシア支配の布石とする意図が如実に示されている。

ただ、キエフとしては地方分権、すなわち自治権拡大を推し進めていかざるを得ないであろう。問題は地方分権・自治権拡大の中身・内容である。具体的には予算と人事。予算と人事にまで踏み込んだ自治権拡大を保証しないと東部各州の一般市民は納得しないであろう。

テロリスト集団に成り果てた親露派勢力にロシアがあからさまに加担する構図となっている。

加えて、興味深いことに、ロシア南部チェチェン共和国出身の過激派がウクライナ東部の武装勢力を援護射撃しているという。[30] ロシアがテロをウクライナに輸出した格好だ。これがクレムリンの指令であれば由々しき問題である。チェチェン過激派の動員でウクライナ東部の情勢はいわば、ハイブリッド戦争の様相を呈してきた。[31] モスクワの対応は明らかに二枚舌である。

いずれにせよ、ウクライナ軍の兵力はわずか12万9０００人、ロシア軍の84万5０００人には太刀打ちできない。[32] ロシアが軍事介入を繰り返すかどうかが問題の焦点となる。

当然、国際社会はプーチン大統領の暴挙に対して再三再四、警告を発した。日欧米は主要8ヵ国（G8）からロシアを追放、ソチG8サミットもボイコットした。だが、プーチン大統領は一切、欧米諸国の警告には耳を貸さなかった。ロシアの対外政策が19世紀末に後退したことを示唆する。ロシアの暴挙は国際法違反であることは明々白々ではあるけれども、国際社会はやむを得ず、ロシアに経済制裁を科すと同時に、ウクライナの経済再建に絞り込んで支援する姿勢に転換せざるを得なくなった。

２０１４年４月22日、米国のバイデン副大統領がキエフで当時のトゥルチノフ大統領代行、ヤツェニュク首相と会談、５０００万ドル規模の追加支援策を言明すると同時に、ウクライナ支援を強化する方針を表明した[33]。また、欧州からウクライナに天然ガスを供給するための技術協力についても、米国の専門家チームをキエフに派遣すると述べている。ウクライナに軍事力を投入するのではなく、あくまでも政治・経済の安定を図ることが最重要との認識である。

一方、北京は終始沈黙し、中立的立場を守り抜いた。中国の外交的立場は内政不干渉。ワシントンにもモスクワにも擦り寄っていない。目指すは実利の追求。欧州とロシアとの関係が冷え切った間隙を突いて、中国は欧州での影響力強化を狙う。欧州諸国も中国との経済関係強化に熱心だ。まさに漁夫の利。中国は戦わずして戦勝国となった。

実はヤヌコビッチ政権時代、中国はウクライナに急接近、クリミア半島での30億ドル規模のインフラ整備事業（港湾施設、高速道路、空港など）、東部ドニプロペトロフスクなどでの50年間農地租借（３００万ヘクタール）、石炭ガス化学工場の建設、航空機の共同開発といった事業を計画していた模様だ[34]。中国にとってはウクライナでの農地確保が最も重要な案件となる。食料確保に役立つからだ。一方、ウクライナにとって中国は貴重な武器輸出市場。空母や戦闘機が中国に輸出されてきた。

このように、ウクライナ、中国の両国は経済関係、すなわち実利を主軸に据えてきた。それだけに中国としてはポスト・ヤヌコビッチのウクライナにおいても権益を確保したい。この姿勢がプーチン大統領の神経を逆撫でしていることは特筆しておきたい。

肥沃な黒土が広がる穀倉地帯で世界的に知られるウクライナでは、穀物の増産に力が入れられてきた。２０１３年穀物年度（２０１３年7月〜２０１４年6月期）の穀物生産量は対前年度比３割増の６０００万トンと過去最高を記録する見通しとなっている。このうち国内消費向けは３０００万トンで、生産目標が達成されれば、ウクライナは小麦とトウモロコシの輸出で世界第4位から米国に次ぐ第2位に浮上する[35]。

小麦は世界最大の小麦輸入国・エジプトなどの中東・北アフリカ諸国に輸出されている。エジプトはウクライナ最大の小麦輸出先である。ウクライナ情勢の緊迫が小麦の国際価格を押し上げ、その結果、エジプト国内のパン価格が上昇するという構図が浮き彫りとなってきた。民主化運動「アラブの春」が再発することを懸念する指摘もある[36]。

ウクライナの穀物生産が好調なのは中国や中東などからの資金が流入してきたからである。ヤヌコビッチ政権下で２０１３年6月、中国の金融機関から農業向けとして30億ドルの融資を受けることでも合意している。散水設備や生産管理システムの近代化、それに化学肥料の導入が進み、生産性が急速に高まっている。農業生産量は過去3年間で80％増強され、ウクライナＧＤＰの22％を占める。農業部門を対外開放することで生産力が強化された格好となっている。

ウクライナの情勢不安が原因で小麦、トウモロコシ、大豆といった穀物の国際価格（指標はシカゴ市場先物価格）が一時的に急騰したが、それはウクライナが世界屈指の穀物輸出国であることに起因している。クリミア半島を実力行使で手中に収めたロシア、尖閣諸島や南シナ海を核心的利益だと吹聴する中国。中露両国は利己主義的外交を展開した結果、国際社会から孤立する憂き目に遭った。この両国が表面上の友好関係を演出しようとすることは想像に難くない。

２０１４年5月下旬、プーチン大統領は中国・上海で開催されたアジア信頼醸成措置会議（ＣＩＣＡ）出席を利用して、中露首脳会談に臨んだ。そこでは米国対抗軸形成を巧みに演出して、孤立状態を回避しようと試みた。同時に、上海沖の東シナ海で実施された中露合同軍事演習にも習近平・中国国家主席と揃って参加。蜜月関係を内外に誇示した。

加えて、懸案だった10年間に及ぶ天然ガス輸出交渉も妥結[37]。輸出価格問題を解決して、ロシアの東シベリア産天然ガスをパイプラインで中国に向けて供給されることになった。ロシア国営天然ガス独占体ガスプロムと中国石油天然気集団公司（ＣＮＰＣ）が輸出契約に調印、最大年間３８０億立方メートルの天然ガスが２０１８年から30年間にわたって供給される。ガスプロムによる天然ガス輸出実績の実に16％に相当する規模である。その貿易総額は４０００億ドルに達する。天然ガス１０００立方メートル当たり３５０〜３９０ドルで輸出されることになる。

東シベリアにあるコビクタ天然ガス田とチャヤンダ天然ガス田を開発、ウラジオストクに向けて建設されるパイプラインの支線として中国向けのパイプラインも建設され、天然ガスが供給される。新しいパイプラインの建設費と天然ガス田の開発コストは合わせて５５０億ドルに及ぶ見通しで、ＣＮＰＣがガス代金のうち少なくとも２００億ドルを前払いするという[38]。

また別件では、ロシアの天然ガス大手ノバテックが年間３００万トンの液化天然ガス（ＬＮＧ）を中国に輸出する予定となっている。大型タンカーでＬＮＧが中国に陸揚げされる計画だ。

ロシア産の原油に加えて、天然ガスやＬＮＧも中国に輸出される時代を迎えた。資源エネルギーを豊富に埋蔵するロシアと世界最大のエネルギー消費国である中国とは自ずと補完関係にある。資源エネルギー貿易が拡大するのは自然な姿ではある。

しかし、したたかなクレムリンは日本やベトナム、加えてインドにも資源エネルギーを輸出したい。日本、ベトナム、インドの３ヵ国はいずれも中国を敵視している。ここでクレムリンは握ったチャイナ・カードを有効に利用する。対米牽制で中国と歩調を合わせながらも、資源エネルギーの輸出市場を欧州からアジアにシフトする最中、プラグマティズムに基づく実利を追求するロシア。ここに中露両国の溝がある。

この溝がユーラシア経済同盟創設に投影されている。ロシア、カザフスタン、ベラルーシの３ヵ国はプーチン大統領が上海から帰国した直後の２０１４年5月29日、モスクワでユーラシア経済同盟発足の条約を締結した[39]。これはロシア主導による経済統合を目指し、ヒト、モノ、カネの移動を促進し、経済政策も調整される。ＥＵや中国に対抗する経済圏創出を狙う。３ヵ国合計の人口は1億７０００万人に達し、広大な面積を包括、ＧＤＰ規模は合計で2兆４０００億ドルとなる。アルメニアやキルギスも加盟する。全体として、中国の影響力を阻止したいモスクワの思惑が働いている。

ともあれ、ウクライナ・ショック、クリミア・ショックは一瞬にして世界の市場を駆け巡った。投資家はリスクオンからリスクオフにモード大転換。リスク資産を手放した。無論、震源地ロシアも無傷ではいられない。モスクワ証券取引所の株価指数は大暴落、合わせて通貨ルーブルも叩き売られた。それでも、プーチン大統領は涼しい顔を決め込む。

しかし、国際社会、投資家からのロシアに対する信頼度は急落。ロシアからは資金が大量に流出し、経済的打撃は避けられない。やがてロシア国民は不平不満を並び立てるだろう。クリミア半島を力で取り戻したプーチン大統領は経済的苦境に直面し、自らの政治生命を手放すことになる。

プーチン大統領はクリミア半島併合を正当化する口実としてバルカン半島の小国・コソボ共和国に触れた。しかし、コソボはセルビアからの独立以前、セルビア政府による圧政、暴挙、大量虐殺を余儀なくされていた。コソボのアルバニア系住民を救援すべく、ＮＡＴＯがセルビア空爆に踏み切る。めでたくコソボがセルビアから独立を果たしたのは２００８年のことである。

このコソボ独立に際しては、１００ヵ国を超える国が国家承認している。また、コソボ共和国は現在においても独立を保持。いかなる国家もコソボを実効支配していない。一見、アルバニアがコソボ併合に野心を抱くのではないかとの思惑が働くが、ティラナでさえコソボを実力行使で編入していない。

それどころか、アルバニアはロシアの対ウクライナ軍事介入を非難し、日欧米諸国と歩調を合わせると表明。(40)「クリミアはコソボとは異なる」との見解を披露している。法的、政治的にコソボ独立とクリミア独立とは異なり、双方を混同するロシアは間違っていると糾弾した。(41)

事実、ウクライナ政府はクリミア半島のロシア系住民に対して弾圧も大量虐殺もしていない。コソボ独立のケースと今回のクリミア併合のそれとはまったく状況が異なる。プーチン大統領は誤った議論を展開しているに過ぎない。クリミアと比較するならば、コソボとではなく、チェチェンと比較すべきだろう。クリミア自治共和国の独立宣言、ロシアによる完全軍事制圧に刺激されて、近隣諸国の分離・独立運動が活発化してきている。

ウクライナとルーマニアに国土を囲まれたモルドバの東部に広がる沿ドニエストル地域（トランス・ドニエストル）。この人口50万人の地域もロシア系が３分の１、ウクライナ系が29％を占めるなどスラブ系住民が多いことで知られる。(42) 沿ドニエストル共和国でもロシアへの編入を求める運動が再燃、共和国議会は２０１４年４月16日、ロシアや国連に独立承認を要請した。(43) 基本的にモルドバ政府による親欧米路線に対する反発と位置付けられる。
沿ドニエストルでは密輸が横行。武器、冷凍食品、タバコ、アルコールの密輸が地域経済を潤わせている事情がある。経済状況は悪く、ロシアが地方政府予算の70%を負担しているという。ロシアからの支援で年金はモルドバよりも高く、ガス補助金も付与され、ガス価格はモルドバの6分の1である。心情的には親露。モスクワはこの民族感情を巧みに利用して、沿ドニエストルをウクライナの良港オデッサを制圧する拠点に仕立て上げたい。
しかしながら、ナショナリズムだけでは経済は成り立たない。現実的にはモルドバを経由するEUとの関係を重要視せざるを得ない。これは統計数値に表れている。沿ドニエストル地方からの対ロシア輸出は総輸出の13%に過ぎない。総輸出の35%はモルドバ向けであり、かつ、16%がポーランドに輸出されている。イタリアにも輸出の9%が向かう。[44]
ロシアが独立国家だと吹聴してはばからない、グルジアの南オセチアやアブハジアもまた、改めて独立の基盤強化に動いている。加えて、アゼルバイジャン領内にあるナゴルノカラバフ共和国も独立の基盤強化を目指す方針でいる。[45] EUは先手を打って、モルドバ、グルジアとの間で「連合協定」に正式調印する構えだ。[46]
他方、クリミア半島のロシア併合で警戒心を強めるのがソ連邦時代の構成共和国や同盟国。ロシアと国境を接するバルト3国はNATOに軍事力の強化を要請。[47] NATOはこの要請に応答して、航空機による監視活動を強化するほか、バルト海、東地中海への艦船派遣で防衛体制を強化した。[48]
ワシントンも重い腰を上げた。NATOを通じて米軍を欧州に増派、最大で10億ドルの軍事費を追加拠出する。[49] 黒海、バルト海への米艦船の派遣を拡大する。ウクライナやグルジアに対する支援も強化していく。

中東欧諸国自身も国防力の強化に動いている。ポーランドは防空能力引き上げなどに915億ズロチ（3兆円）を投じる。ルーマニアにはNATOが艦船を派遣すると同時に、モルドバを支援する。リトアニアとラトビアも軍事費の増額を決定した[50]。

冷戦終結後、NATOはロシアを戦略的なパートナーと位置付けてきた。しかし、仮想敵国に逆戻り。米露関係のリセット構想は雲散霧消し、代わって対立構造が再登場した。ロシアのクリミア併合を端緒に、欧州の秩序は転換点を迎えた。

モスクワは親露運動を歓迎するだろう。だが、ロシア内部にも分離派勢力が潜んでいることを忘れてはならない。カフカス（コーカサス）地域ではチェチェン紛争の余熱が消え去っていない。ロシアからの分離・独立を求めるイスラム武装勢力がテロ活動を展開している。タタールスタン共和国もまた独立志向が旺盛だ。

プーチン大統領はウクライナからのクリミア自治共和国の独立を扇動、国際社会が独立を承認しないなか、クリミア半島併合の既成事実化を急いだ。シリア内戦では欧米諸国に内政不干渉を説き、化学兵器の廃棄を訴え、介入を阻止した。

この本人であるプーチン大統領がウクライナに軍事介入した。かつてはチェチェンのロシア独立を武力で弾圧もした。ところが、キエフが武力を行使すると、深刻な犯罪だと非難する。ロシアは常に正しいとでも言いたいのか[51]。ここには自己矛盾と欺瞞が潜んでいる。

4 ウクライナが直面する経済課題

情勢が悪化すると、当該国の通貨、株式、債券が売り込まれ、いわゆるトリプル安の様相を呈する。投資家が資金を引き揚げた当然の帰結である。ロシアやウクライナも同様だ。トリプル安が両国経済発展の重石となった。低迷をきわめる経済をいかに再建していくのか。ロシアもウクライナも同じ経済課題を抱え込む。特に、ウクライナの場合、東部工業地帯の動向が鍵となる。

幸い、ウクライナに関しては、国際社会が全面的に資金援助する方向が打ち出されている。デフォルトは回避される見通しだ。問題はロシア。発展途上地域であるクリミア半島を抱え込んだことで、ロシア経済はさらなる試練に直面する。

リーマン・ショック（金融危機）の洗礼を浴びたウクライナ経済であるが、その後は文字通りV字型の回復を遂げた。だが、その回復力は必ずしも堅強ではない。そこへ今回の政変とクリミア自治共和国の離脱。通貨フリブナが急落し、過去最安値圏で推移している。国債利回りも上昇、保有する金融機関を直撃する。もちろん、株式市場にも動揺が走った。

ウクライナ国立銀行（中央銀行）のステパーン・クビフ総裁は固定為替相場制から変動為替相場制への移行を表明している[52]。米ドル売り・フリブナ売り介入を凍結し、フリブナの下落を容認したことを意味する。フリブナを買い支えることよりも、外貨の流出を阻止する姿勢を鮮明にしたといえる。IMFの指導で為替政策を見直したことになる。と同時に金融機関に対する資産査定（ストレステスト）を通じて、金融制度改革に着手し、金融システムの安定を図る姿勢も示されている。全体として、資本逃避を予防する。

ウクライナの経済成長率は2010年4・15％増、2011年5・19％増と堅調に推移したが、2012年にはわずか0・31％の成長率に甘んじた。さらに、2013年には0・04％減とマイナスへ転換している[53]。特に、混乱が長期化する東部の続く2014年1～3月期、マイナス1・1％とマイナス幅が拡大した。ドネツク州の鉱工業生産は2014年1～3月期に対前年同期比で13％も落ち込むなど落ち込みが激しい[54]。ドネツク州の鉱工業生産は2014年1～3月期に対前年同期比で13％も落ち込んだ。

今回の政情不安を受けて、2014年の実質経済成長率はマイナス3％に沈むと予測されている。東部工業地帯の不安定化が長期化すれば、マイナス幅が拡大する可能性さえある[55]。欧州復興開発銀行（EBRD）はマイナス7％と予想している[56]。

ウクライナのGDP規模は1760億ドル（2012年）とベトナム、日本で言えば静岡県と同じ規模である。ウクライナ産業の強みは肥沃な黒土を背景とする農業と高度な軍需・航空宇宙技術、精密機械を基盤とする工業にある。ただ、工業部門は東部地域に集中、ウクライナ輸出額の6割を稼ぐ。それゆえ、東部地域の安定が課題となっている。1ヵ月の平均賃金は300ドル程度とされる。

IMFを中心に金融支援の実施を表明しているけれども、構造改革が融資条件となる。IMFが提示する融資条件は常に緊縮策。社会保障費やエネルギー補助金の削減、企業補助金の削減、増税といった国民に厳しい政策が履行されなければならない。

早速、国営ガス会社ナフトガスが一般家庭向けガス料金を5割値上げすると発表した。ガス料金は2018年まで段階的に引き上げられる見通しだ。企業や法人に対する天然ガス供給価格も大幅に引き上げられている。ウクライナ政府はこれまで年間100億ドルに及ぶガス料金補助金を拠出してきたが、I

MFが突き付けた構造改革順守のため、補助金の大幅圧縮が強いられる[57]。通貨安も相まって、インフレ率は12％と予想されている。

ウクライナのガス市場で存在感を強めるのがロシアのガスプロム。ガスプロムはウクライナ側にガス代金35億ドルの支払いを要求すると同時に、ガス輸出価格を1000立方メートル当たり268・5ドルから385・5ドルに、さらに485ドルに引き上げるという途方もない値上げを突き付けた[58]。値上げ率は実に80％である。1000立方メートル当たり480ドルが最高輸出価格であったから、最高金額を更新することになる[59]。ガスプロムからの価格引き上げ圧力はロシアの軍事介入圧力に匹敵する。キエフは国内のガス価格を引き上げざるを得ない[60]。

対抗策は天然ガス輸入先の多様化。今、ウクライナでは液化天然ガス（LNG）の輸入が真剣に検討されている。黒海に面するオデッサ近郊にLNG受け入れ基地を建設、年間150億立方メートル相当のLNGを輸入する体制を整備する。年間150億立方メートルはウクライナ天然ガス輸入量の半分程度（2013年実績でロシア産天然ガスの輸入量は258億立方メートル）に匹敵する[61]。米国政府が対ウクライナLNG輸出を検討している模様だ[62]。エネルギー外交で米国のポテンシャルを高める手段と言える[63]。

また、欧州諸国からのパイプライン輸送による天然ガス輸入量も今後は増量する。ハンガリーとポーランドからウクライナに天然ガスが供給されているが、その供給量は2013年実績でわずか20億立方メートルに過ぎない。ドイツのエネルギー大手RWEの子会社がポーランド経由でウクライナに天然ガスを供給している模様だ[64]。スロバキアからも輸出可能だが、輸出向けパイプラインの権益をガスプロムが握っている。それでも、首尾良く事が運べば、最大年間100億立方メートルの天然ガスを供給できるという[65]。

即効性は期待できないが、ウクライナ国内でもシェールガス田の開発案件が浮上している。米系国際石油資本（メジャー）のシェブロンがウクライナに進出、現地企業と西部のオレスキー・シェールガス田（推定埋蔵量３兆立方メートル）を共同開発する。(66) 実現すれば、年間50億～１００億立方メートルの生産が見込めるという。また、ウクライナ東部にもシェールガス田開発案件がある。英蘭系メジャーのロイヤル・ダッチ・シェルが手がける案件だ。加えて、黒海海底の大陸棚に埋蔵されるシェールガスも開発される可能性がある。

シェールガス田開発の目的はもちろん、対ロシア依存からの脱却。ＬＮＧ受け入れや欧州諸国からの天然ガス逆輸入も加えて、エネルギー供給でロシアに依存する体質の改善を急ぐ。

問題は価格である。米国産天然ガスの価格は１００万ＢＴＵ（英国熱量単位）当たり４・６ドルであるが、ここに輸送・保険などのコストを追加しなければならない。そうすると、欧州での価格は１００万ＢＴＵ当たり10ドル近くになる。これは英国天然ガスよりも割高だ。(67) 割高な天然ガスをウクライナが輸入し続ければ、新たな経済危機を招いてしまう。供給国はウクライナに割安価格で輸出しなければならない。これが民間レベルで通用するかどうかが問われる。

ウクライナの財政赤字は２０１３年実績で対ＧＤＰ比４・５％であったが、２０１６年までに２・５％に引き下げる必要がある。ギリシャに突き付けられた厳しい融資条件をウクライナ国民も順守できるか。緊縮疲れで東・南部の住民がキエフに反発すれば、新政権は新たな試練に直面することになる。

財政赤字の縮小がウクライナ経済にとっての課題であるだけでなく、経常収支の赤字も経済成長の足枷となっている。経常赤字の対ＧＤＰ比はすでに２０１３年段階で９％に達する。２０１４年１～３月期の輸出総額は91億ドルと対前年同期比マイナス10％に沈んでいる。

政変後、資金逃避でフリブナが急落したことから、ウクライナ通貨当局は政策金利を緊急的に引き上げるとともに、[68] 外貨準備金を取り崩してドル売り・フリブナ買いで通貨防衛を試みた。その結果、外貨準備金は激減している。経常赤字改善の道のりは険しい。

ウクライナにとって悩ましいのはロシアとの経済関係を遮断できないことにある。EUとの間で締結する連合協定はウクライナの経済発展に不可欠であるけれども、ロシアとの経済関係維持も死活問題なのである。ロシアがウクライナ最大のエネルギー供給国であることは指摘するまでもなく、加えて、ウクライナ総輸出の24%、総輸入の30%がロシアとの貿易による。[69] ウクライナ貿易全体の5分の1はロシアとの交易が占める[70] ウクライナ経済の安定を優先するとき、ロシアとの関係改善は是が非でも推し進めていかねばならない。

5　クリミア半島の経済は分離独立で困窮する

プーチン大統領が固執したクリミア半島併合後、クリミアは経済的に自立できるのか。プーチン大統領はテレビを通じた恒例の直接対話で、軍需産業や工業、農業の発展に投資を約束、年金、公務員給与の引き上げも表明した(71)。プーチン大統領の思惑通りに経済発展は実現するか。

クリミア半島の面積は四国の1・4倍程度である。その域内総生産は年間40億ドルと貧しい。ウクライナ全体の3％を占めるに過ぎない。クリミア半島の国民1人当たりGDPは1万9500フリブナで、ウクライナ全体の2万8500フリブナよりも低い。キエフの7万9700フリブナ、ドネックの3万6500フリブナ、セバストポリ特別市の2万4600フリブナと比べても格段に見劣りする(72)。

ロシアの平均給与と比較すると、その差は3倍。この格差を埋めるべく、インフラが整備され、行政や年金支給に年間1000億ルーブルがモスクワから拠出される。経済特区新設やカジノ特区構想が打ち出され、観光振興にも支援の手が差し伸べられる。グルジアの南オセチアとアブハジアの人口は合計で30万人。これに対してクリミア半島のそれは235万人に及ぶ。モスクワの経済負担は重くなる一方である。中長期的にロシア経済の足枷となるまいか。

現実は厳しい。クリミア半島の年間政府予算12億ドルのうち、キエフが8億ドルを拠出してきた。基本的にクリミア経済は援助がないと立ち行かない。クリミア半島は給水や電力の80％をウクライナに依存する。また、ガス供給に関しても65％はウクライナからである(73)。

クリミア半島は風光明媚な観光地として知られる。クリミア半島の人口が235万人であるのに対して、訪れる観光客数は年間600万人。その65%はウクライナからの観光客である。クリミア半島はウクライナ経済と遮断しては成り立たない。仮にモスクワが財政的に全面支援しても、クリミア半島の民間部門はいわば孤立状態に置かれ、経済的合理性や経済効率を大きく損なってしまう。クリミア系企業は輸出が困難となるだろう。ロシアが輸入する保証はない。民間企業が苦境に陥るのは時間の問題となった。

すでに混乱は拡散している。2014年3月24日、クリミア半島ではロシアの通貨ルーブルが公式通貨となった[74]。2015年末までフリブナも並行して流通するが、税金の支払いや給与はルーブル建てとなった。当然、市民生活は混乱する。特に、金融機能は麻痺状態に陥った。早くもクリミア市民の間で経済不安が広がっている。

クリミア半島からは法令違反を問われるためにウクライナ系の金融機関が一斉に撤退。クリミア半島に展開する合計約1000ヵ所の支店が閉鎖された。加えて、欧米系の金融機関も相次いで撤退した。オーストリア系のライファイゼンバンク・グループはクリミア半島にある32ヵ所の営業拠点を停止、イタリア系のウニクレディット・グループも撤退の方向へと舵を切った[75]。ロシアがクリミア半島を実効支配しているにもかかわらず営業を継続すると、EUの方針と矛盾する。欧米系の金融機関が撤退するのは当然の帰結である。

驚きなのは、ロシア系大手銀行も撤退した事実である。ウクライナ本土で業務を継続するために、クリミアを犠牲にして営業を停止した模様である。国営大手銀行のロシア外国貿易銀行はクリミアにある支店の8割を閉鎖したという[76]。

被害者はクリミア市民。金融機関から預金を引き出すために長蛇の列をなし、現金確保に奔走している。公式通貨となったはずのルーブルも定着していない。フリブナは下落する一方。年金や給与が引き上げられても、通貨の急落に伴う物価上昇でクリミア市民は悲鳴を上げている。加えて、不動産価格も急騰。ロシア政府による地域振興策が仇となって、不動産高騰を招いている。

6　ウクライナはどこに向かうのか

２０１４年6月27日、ＥＵはウクライナ、グルジア、モルドバの３ヵ国と連合協定に署名した[77]。連合協定締結は政治・経済を軸として、自由貿易協定（ＦＴＡ）も含めた包括的な協力を意味する。ＥＵが３ヵ国の経済発展を促す格好となる。

ヤヌコビッチ元大統領が連合協定調印を拒否したことがウクライナ政変の伏線となった。この地平線上にクリミア半島離脱があることは指摘するまでもない。ポロシェンコ新大統領はＥＵとの連合協定調印に漕ぎ着け、ウクライナのＥＵ接近を行動で明示した。

ＥＵは親ロシア派を国内に抱える３ヵ国をＥＵに引き寄せることで、ロシアとの分断を狙う。協定に署名した3ヵ国はＥＵとの関係強化を急ぐ。それでも、政治的にはともかくも経済的にロシアとの関係を遮断することは建設的な対応ではない。実利に基づくロシアとの継続的な関係は維持せざるを得ない。

ところが、言うは易し、行うは難し。ウクライナ東部地域、特に、ロシアと接するルガンスク州とドネツク州は「人民共和国」としてウクライナからの独立を表明。離反の勢いを強める。これを阻止すべく、ウクライナ政府軍と治安部隊はその制圧を急ぐ。ロシアとの分断を図ることで武器・兵器の補給経路を断絶する戦略だ。東部制圧に失敗すると、ウクライナは再び東西分裂の危機に直面することになる。

ここでマレーシア航空機撃墜事件が勃発する（２０１４年7月17日）。親露派武装勢力がマレーシア航空機を撃墜したことを契機に、ウクライナのポロシェンコ政権は国際世論を味方につけた。停戦には応じず、あくまでも親露派武装勢力の壊滅を目指す。親露派武装勢力の正体はロシアから送り込まれたプロフェッショナルの戦闘員。保守武闘派の連中だ。それゆえにウクライナ東部地域のためではなく、ロシアのために戦っている。

ソ連邦時代、大韓航空機がソ連邦軍によって撃墜されたことを再度、思い出していただきたい。ロシアは民間航空機であっても撃ち落とす恐ろしい国家なのである。航空機撃墜は現場の判断で実現できるものではない。最高司令官が命じるものである。

しかし、マレーシア航空機撃墜の代償は大きい。ワシントンとブリュッセルは足並みを揃えて、黒幕ロシアに対する制裁を強化、経済封鎖に踏み切った。狙いは唯一つ。ロシアへの資金流入を遮断することにある。まさしく兵糧攻め。ロシア経済は株安・通貨安・債券安のトリプル安に見舞われ、大量の資金が流出している。長期金利の上昇は資金調達コストを押し上げる。インフレの蔓延とともに、ロシア経済は長期的な低迷期に突入した。

奇しくも、２０１４年は第1次世界大戦開戦１００周年。１９１４年6月、ハプスブルク帝国のフランツ・フェルディナント大公がバルカン半島にあるサラエボでセルビア人民族主義者によって暗殺。ハプスブルク帝国はセルビアに宣戦布告した。欧州辺境の事件が世界大戦の口火を切った。欧州諸国は今回の航空機撃墜事件を暗殺事件と重ね合わせる。ウクライナ東部という欧州辺境での大惨事。１００年前も今もロシアがトラブルメーカーとなった。

だが、歴史は戦争が最大の誤りだとわれわれに教示している。大戦争になる前に、火種を消しておく必要がある。その方法とは何か。ウクライナ東部で展開する親露派武装勢力がロシアに移動、ロシアが武装勢力の受け皿になることである。

プーチン大統領はキエフ政府の圧力には屈しないとの姿勢を強めるだろう。軍事力行使もプーチン大統領の選択肢の一つである。しかし、ロシア軍が武装勢力に加担して大規模戦闘に打って出た場合、ロシアの国際社会復帰は絶望的となる。経済的困窮がロシア市民を追い詰め、やがてはロシアの強硬姿勢が誤りであることに気付くだろう。１００年前とは異なり、現代社会は相互依存と情報共有で成立している。孤立政策は得策でない。

いずれにせよ、プーチン大統領は今、最大の試練に直面している。この試練はプーチン大統領の政治生命にかかわる。マレーシア航空機撃墜事件が転機になったことは指摘するまでもない。

クリミア半島の併合はプーチン大統領のロシア国内における人気を高めた。この人気を維持するにはウクライナ東部のロシア系を支援し続けなければならない。しかしながら、これは諸刃の剣。日欧米社会は制裁強化をロシアに科した。これで資金流入が途絶され、ロシア経済は窮地に陥る。インフレが顕在するロシアの経済社会では金融を緩和できず、経済浮上には財政出動しか手段がない。やがてロシアは財政赤字に転落するだろう。

また、ウクライナ東部を武力で統合しても、危機感を抱くキエフ政府はＮＡＴＯ加盟を急ぐだろう。ロシアがＮＡＴＯに追い詰められる構図に変化はない。ウクライナのＮＡＴＯ加盟はロシアにとって悪夢である。

落とし所は難しいが、既述のとおり、ロシアが親露派武装勢力を引き取る以外に方策はない。そして、西側世界との誠意ある対話を重ねていかざるを得ない。そうでないと、プーチン大統領は極悪非道の政治家として世界史にその名を残してしまう。まさに英雄からならず者に大転落。プーチン大統領はウクライナ・ショックとクリミア・ショックでロシアの英雄となった。しかし、ロシアはプーチン・ショックで奈落の底に突き落とされる。プーチン大統領に残された選択肢は少ない。

政治的にロシアと決別したウクライナは、西向きの国家に昇華していく。ロシアとはあくまでも経済面での関係強化しか進まないだろう。だが、経済的関係を強化すれば、政治的対立を緩和できる。ウクライナは今、賢い国家に脱皮しようとしている。

註

(1) Financial Times, February 28, 2014
(2) 日本経済新聞　２０１４年２月24日号
(3) 「選択」２０１４年３月号、10ページ
(4) Financial Times, April 16, 2014
(5) Financial Times, February 28, 2014
(6) 日本経済新聞　２０１４年２月28日号
(7) 日本経済新聞　２０１４年２月25日号
(8) 日本経済新聞　２０１４年３月11日号
(9) 欧州連合（ＥＵ）が発表したウクライナ向けの包括支援策は以下の通り。対外収支悪化に伴う債務不履行（デフォルト）回避に向けた融資16億ユーロ、経済開発支援の供与14億ユーロ、インフラ整備への融資30億ユーロ、経済構造改革向けの融資80億ユーロ、ウクライナの輸送システム近代化・天然ガス供給支援、自由貿易協定（ＦＴＡ）早期発効による経済効果（日本経済新聞　２０１４年３月６日号）。
(10) 日本経済新聞　２０１４年５月１日号
(11) 日本経済新聞　２０１４年３月28日号
(12) 日本経済新聞　２０１４年２月28日号
(13) 日本経済新聞　２０１４年２月27日号
(14) 日本経済新聞　２０１４年５月27日号
(15) 日本経済新聞　２０１４年５月26日号
(16) Financial Times, February 24, 2014
(17) 日本経済新聞　２０１４年３月18日号
(18) 日本経済新聞　２０１４年３月30日号
(19) 日本経済新聞　２０１４年３月27日号
(20) Financial Times, March 22, 23, 2014
(21) Financial Times, March 15, 16, 2014
(22) Financial Times, March 7, 2014
(23) Financial Times, March 19, 2014
(24) Financial Times, February 28, 2014
(25) 日本経済新聞　２０１４年４月１日号
(26) 日本経済新聞　２０１４年４月３日号
(27) 日本経済新聞　２０１４年５月10日号
(28) 日本経済新聞　２０１４年４月16日号
(29) Financial Times, April 8, 2014
(30) Financial Times, May 28, 2014
(31) Financial Times, May 29, 2014
(32) Financial Times, March 3, 2014
(33) 日本経済新聞　２０１４年４月23日号
(34) 日本経済新聞　２０１４年３月11日号
(35) Financial Times, March 4, 2014.　日本経済新聞　２０１４年１月11日号。なお、２０１３年穀物年度における小麦主要輸出国の輸出量は次の通り。米国３１９８万トン、カナダ２３００万トン、オーストラリア１９５０万トン、ロシア１６５０万トン、ウクライナ１０００万トン（日本経済新聞　２０１４年３月８日号）。また、ウクライナのトウモ

ロコシ輸出量は１８５０万トンで、米国、ブラジルに次ぐ世界第３位（日本経済新聞　２０１４年３月５日号）。

(36)　日本経済新聞　２０１４年５月２日号
(37)　日本経済新聞　２０１４年５月22日号
(38)　Financial Times, May 22, 2014
(39)　日本経済新聞　２０１４年５月30日号
(40)　Tirana Times, March 7-13, 2014
(41)　Tirana Times, March 14-20, 2014
(42)　Financial Times, March 19, 2014
(43)　日本経済新聞　２０１４年４月17日号
(44)　Financial Times, April 5, 6, 2014
(45)　日本経済新聞　２０１４年３月20日号
(46)　日本経済新聞　２０１４年３月23日号
(47)　Financial Times, April 10, 2014
(48)　日本経済新聞　２０１４年４月17日号
(49)　日本経済新聞　２０１４年６月４日号
(50)　日本経済新聞　２０１４年４月22日号
(51)　Financial Times, April 17, 2014
(52)　日本経済新聞　２０１４年５月20日号
(53)　Financial Times, April 14, 2014
(54)　日本経済新聞　２０１４年５月10日号
(55)　日本経済新聞　２０１４年４月13日号
(56)　日本経済新聞　２０１４年５月29日号
(57)　日本経済新聞　２０１４年３月27日号
(58)　Financial Times, April 7, 2014
(59)　Financial Times, March 22, 23, 2014
(60)　Financial Times, April 24, 2014
(61)　日本経済新聞　２０１４年４月５日号
(62)　日本経済新聞　２０１４年３月９日号
(63)　Financial Times, March 13, 2014
(64)　日本経済新聞　２０１４年５月３日号
(65)　日本経済新聞　２０１４年４月24日号
(66)　日本経済新聞　２０１４年11月７日号
(67)　日本経済新聞　２０１４年４月21日号
(68)　ウクライナ中央銀行は２０１４年４月14日、通貨フリブナを防衛すべく、政策金利を３％引き上げて年９・５％にしている（日本経済新聞　２０１４年４月16日号）。
(69)　Financial Times, March 19, 2014
(70)　Financial Times, March 3, 2014
(71)　日本経済新聞　２０１４年４月18日号
(72)　Financial Times, March 4, 2014
(73)　Financial Times, March 11, 2014
(74)　日本経済新聞　２０１４年３月24日号
(75)　日本経済新聞　２０１４年４月16日号
(76)　日本経済新聞　２０１４年４月20日号
(77)　日本経済新聞　２０１４年６月27日号

附録　ウクライナの基礎データ

面　積	60万3700平方キロメートル
資　源	石炭、鉄鉱石、マンガン、チタン
人　口	4523万9000人（2013年推定）
首　都	キエフ、人口275万5000人（2011年推定）
主要都市	ハリコフ145万人、オデッサ101万人、ドニエプロペトロフスク100万人（2010年推定）
住　民	ウクライナ人78・13％、ロシア系17・34％、ベラルーシ系0・57％（2001年）
言　語	ウクライナ語が公用語
宗　教	ウクライナ正教、東方帰一教会（ユニエイト教会）、ロシア正教など
政治体制	共和制
元　首	大統領
議　会	一院制、最高会議、450議席、任期5年
内　閣	大統領が首相を指名、最高会議が承認
国内総生産	1763億1020万ドル（2012年）
国民総所得	3500ドル（1人当たり）
通　貨	フリブナ（Hryvnia）
URL	http://www.kmu.gov.ua（政府／ウクライナ語、ロシア語、英語）

〔出所〕『世界年鑑2014』共同通信社（509ページ）

【著者略歴】

中津孝司（なかつ・こうじ）

大阪商業大学総合経営学部教授、経済学博士（大阪学院大学）
1961年大阪府生まれ
1989年神戸大学大学院経済学研究科博士後期課程単位取得満期退学
1987〜1988年コソボ・プリシュティーナ大学政府奨学生留学

編著書:『ロスネフチの逆襲』創成社、『中東社会のダイナミズム』創成社、『日本株式投資入門』創成社、『プーチン降板』創成社、『日本のエネルギー政策を考える』創成社、『世界市場新開拓―チャイナ・リスクに警鐘を鳴らす―』創成社、『中東新戦争勃発』同文舘出版、『世界激変！　指導者交代』創成社、『戦略的グローバリズムの企業経営』創成社、『ガスプロムが東電を買収する日』ビジネス社、『クレムリンのエネルギー資源戦略』同文舘出版、『欧州新時代』晃洋書房など65冊以上。

ウクライナ・ブックレット刊行に際して

ロシア発祥の地、ウクライナ。まさにスラブの母というべき存在。その首都・キエフはまさにスラブのヘソである。

日本でロシア文化と思われているものの中には、ウクライナのものが多い。身近なところで言えば、料理。ボルシチはロシア料理として日本で知られているが、実はウクライナ料理。日本の家庭でよく作られているロールキャベツ。これもウクライナ料理である。

ロシア文学として日本で紹介されているゴーゴリもウクライナ出身であり、ウクライナ文化を知らないとその内容を充分理解したとは言えない。

このように、ウクライナはスラブの母的存在であるものの、日本では一般にロシアとごっちゃになっている。それどころか、ロシアの中の一部として捉えられている。これはまだよい方で、ウクライナという国さえ知らない人が日本には多い。

翻ってウクライナに目をやると、日本や日本語に興味を持っている人、憧れている人、勉強・研究している人……とその数のなんと多いことか。

このギャップを埋めるために、ウクライナ・ブックレットは刊行される運びとなった。一人でも多くの人にウクライナを知っていただきたい。その一念である。

日本ウクライナ文化交流協会

ウクライナ・ブックレット2

クリミア問題徹底解明

発行日	2014年9月26日初版発行ⓒ 2016年5月9日初版第二刷発行
著者	中津　孝司
企画・編集	日本ウクライナ文化交流協会
発行者	小野　元裕
発行所	株式会社ドニエプル出版 〒581-0013 大阪府八尾市山本町南6-2-29 TEL072-926-5134　FAX072-921-6803
発売所	株式会社新風書房 〒543-0021 大阪市天王寺区東高津町5-17 TEL06-6768-4600　FAX06-6768-4354
印刷・製本	株式会社新聞印刷

ISBN978-4-88269-857-9

企画・編集：日本ウクライナ文化交流協会

ウクライナ・ブックレット1

ウクライナ丸かじり

小野 元裕 著

自分の目で見、手で触り、心で感じたウクライナ。２００５年１月から２００６年１月までの１年間、ウクライナの全地域（24州、クリミア自治共和国）を回り取材し一冊にまとめた。日本とウクライナの文化交流奮闘記でもある。

A５判 63 頁並製本
定価：本体５００円＋税

ウクライナ・ブックレット3

マイダン革命はなぜ起こったか

岡部 芳彦 著

マイダン革命はなぜ起こったのか。日本で最もウクライナとコネクションを持つ人物の一人である著者が解き明かすユーロ・マイダンの内幕。ロシアとEUのはざまで翻弄されるウクライナの行方は。著者は神戸学院大学経済学部准教授。

A５判 63 頁並製本
定価：本体５００円＋税

発行：ドニエプル出版／発売：新風書房